Augustin Filon

Le Parlement Irlandais

Étude rétrospective

ISBN : 978-1721275915

10 9 8 7 6 5 4 3 2 1

Augustin Filon

Le Parlement Irlandais

Étude rétrospective

Table de Matières

Introduction

L'Irlande aura-t-elle son parlement ? Ajournée, mais non tranchée par le vote négatif des communes d'Angleterre, la question demeure ouverte ; chaque jour, chaque heure qui s'écoule en accroît l'actualité redoutable. « La loi est morte, — a pu dire le premier ministre devant ses électeurs d'Edimbourg, — le principe survit. » L'Ile-sœur a touché de trop près à son indépendance pour y renoncer sans lutte. Du domaine des chimères dont on sourit, l'autonomie irlandaise passe au rang des problèmes qu'il faut résoudre.

Je ne prétends point traiter cette question, mais je voudrais, dans une rapide esquisse historique, montrer ce que fut l'ancien parlement de Dublin : ses origines, ses droits péniblement et graduellement conquis, sa physionomie à part et sa rhétorique spéciale, ses figures caractéristiques, ses jours mémorables, ses vicissitudes de grandeur et de décadence, couronnées par un suicide qui n'eut rien de volontaire. Le problème irlandais, qui tracasse si cruellement le parlement de Gladstone, ressemble peu, je le sais, au problème irlandais tel qu'il se posait devant le parlement de Pitt : ce sont d'autres hommes, d'autres passions, d'autres affaires. Pourtant une même question domine les deux débats : c'est la question de races. L'Angleterre, — nous assure M. Froude, — gouverne l'Irlande, comme elle gouverne les Indes, en vertu du droit que possède une race supérieure de prendre sous sa tutelle une race faible ou peu avancée en civilisation. L'histoire répond : L'Angleterre, qui a essayé en Irlande tous les systèmes, excepté la justice, n'a réussi, en sept siècles, ni à se faire aimer ni à se faire obéir. Quand donc a-t-elle prouvé sa capacité ? L'Irlande, comme on va le voir, ne s'est, à aucune époque, véritablement appartenu à elle-même. Où sont donc les preuves de son incapacité ! Et, si on ne peut les fournir, au nom de quel principe prétend-on retenir l'Irlande dans une éternelle minorité[1] ?

---

1 Les lecteurs de la *Revue* n'ont pas oublié les belles études de M. Ed. Hervé sur la crise irlandaise et sur ses origines. — Voir également, dans la *Revue* du 1er juillet 1881, un article de M. Anatole Leroy-Beaulieu, sur le *land-bill* de M. Gladstone.

A quelle date ferons-nous commencer l'histoire du parlement d'Irlande ? Sera-ce en 1367 ? Nous lisons dans les chroniques que, cette année-là, Edouard III réunit à Kilkenny le parlement de sa seigneurie d'Irlande. On y édicta la peine de la confiscation et de l'emprisonnement contre tout Anglais qui adopterait la langue des natifs, porterait, comme eux, des vêtements de couleurs différentes et laisserait croître sa moustache ; la peine de mort contre celui qui épouserait une Irlandaise, ou confierait à une femme de cette race l'éducation et la garde de ses enfants. Protection naïve et cruelle donnée à une civilisation presque aussi barbare que la barbarie elle-même ! Le mot de parlement ne peut tromper personne. Qui voudrait voir dans le statut de Kilkenny l'expression des idées ou des sentiments de l'Irlande ?

Pendant le siècle suivant, la guerre civile se joint à la guerre étrangère pour absorber, puis dissoudre les forces de la royauté. La colonie anglaise d'Irlande, livrée à elle-même, se resserre pour mieux résister. L'autorité du parlement, quand par hasard elle s'exerce, ne s'étend guère au-delà de la grande banlieue de Dublin : les quatorze quinzièmes de l'Ile obéissent à la loi Brehon, qui ne reconnaît ni l'ordre régulier des successions suivant la primogéniture, ni les modes compliqués de la propriété anglaise, et qui établit, je ne dirai pas pour la punition, mais pour la réglementation du meurtre et la police de l'assassinat, un tarif de compensations en nature. On entrevoit une manière de collectivisme féodal dans l'état de choses sanctionné par la loi Brehon, et cette forme bizarre de la vie sociale attend encore son historien.

Avec les Tudors tout change : le pouvoir de la métropole recommence à se faire sentir et à se faire craindre Henry VII imagine, pour rétablir l'ordre en Irlande, un système mixte, moitié gothique, moitié moderne, qui caractérise curieusement l'époque. Il délègue à une grande famille, aux Fitzgeralds, la représentation de l'autorité souveraine ; mais leur pouvoir est limité par les lois Poynings. L'une rend exécutoires en Irlande les *bills* votés dans le parlement anglais, et l'autre soumet à la censure préalable du conseil privé d'Irlande et du conseil privé d'Angleterre, toute mesure législative discutée dans le parlement de Dublin. Telles sont ces fameuses lois Poynings, contre lesquelles se déchaîneront, au XVIIIe siècle, tant de patriotiques colères, et dont l'abrogation, en 1782, prendra les proportions d'une révolution constitutionnelle. Elles n'étaient, aux yeux jaloux du premier des Tudors, que des freins à l'omnipotence des vice-rois : elles devinrent, avec le temps, les lisières à l'aide desquelles on retint l'Irlande dans une éternelle enfance.

Le fidéicommis politique des Fitzgeralds dura jusqu'au jour où ils embrassèrent contre la métropole la cause du catholicisme ; ce jour-là, Henry VIII les brisa. Du moment que le roi avait proclamé sa suprématie religieuse, ses sujets catholiques étaient réputés rebelles. Entendre la messe était un acte de haute trahison, car c'était faire acte d'allégeance à un prince italien qui, sous le nom de pape, s'arrogeait le droit de déposer les rois d'Angleterre. Voilà la doctrine, et l'application suit. Il ne s'agit pas de convertir, mais de punir. Un vice-roi, sous Elisabeth, ayant réclamé des *clergymen* pour prendre la place des prêtres proscrits, on le rappelle durement à l'ordre ; on lui défend de faire du prosélytisme. Dès lors le caractère de la répression s'explique. Quand Desmond et Tyrone se soulèvent, on noie leur révolté dans le sang, on change leur pays en désert.

Derrière le soldat marche le spéculateur, qui traîne à sa suite le légiste ; à une ère de massacres succède une ère de chicanes. Ce qu'on n'a pas eu le temps d'arracher par la violence, on le confisque par toutes sortes de duperies légales. Les juges d'Irlande n'étaient pas inamovibles comme leurs confrères de la métropole. Ils occupaient leurs charges « aussi longtemps que c'était le plaisir du roi, » ou, suivant une formule plus hypocrite, « aussi longtemps qu'ils se conduisaient bien : *during good behaviour.* » On devine que ces magistrats rendaient autant de services que d'arrêts, ils firent si bien, qu'au milieu du XVIIe siècle un tiers de la propriété foncière était déjà passé entre des mains anglaises et protestantes. Pourtant l'Irlande catholique respirait, grâce à une demi-tolérance. En 1641, les deux religions se partageaient le parlement par moitiés presque égales, et l'avantage numérique penchait légèrement en faveur de la foi romaine. L'administration malfaisante de Strafford n'avait pas détaché l'Irlande des Stuarts, et lorsque éclata la guerre civile, elle se rangea presque tout entière, sans distinction de race ni de croyance, du côté de Charles Ier.

En révolution, il est dangereux de s'attarder avec la légalité qui s'en va : bientôt on se trouve hors la loi avec la loi elle-même. L'insurgé de la veille est alors l'autoritaire du lendemain. Ces transformations nous sont familières ; elles étaient nouvelles pour l'Irlande de 1649. Cromwell se chargea de la démonstration, et la fit aussi sanglante que possible. Le récit des atrocités puritaines n'entre pas dans mon sujet ; mais, n'en déplaise à M. Froude et à son maître Carlyle, tant qu'il y aura une conscience humaine, elle se souviendra, pour le maudire, du bourreau de Wexford et de Drogheda. Cromwell paya ses soldats avec les terres de leurs victimes et couvrit l'Ulster d'une colonie militaire. Il ôta à l'Irlande son parlement, mais lui rendit la liberté commerciale, que Strafford avait détruite.

La restauration éveilla de grandes espérances et ne les réalisa pas. Un gouvernement qui se relève a tant d'ennemis à satisfaire ! Quelques courtisans rentrèrent en possession de leurs terres, et ce fut tout. On revint au système des premiers Stuarts : la proscription dans les lois, la tolérance dans les mœurs ; sévérité apparente, connivence secrète. Au rebours de Cromwell, on rendit à l'Irlande son parlement ; on lui reprit la liberté commerciale, et lorsqu'on renouvela en 1663 l'*Acte de navigation*, elle n'en eut point les bénéfices. Néanmoins, nous la trouvons encore, en 1688, du côté de la dynastie légitime. Dublin voit, l'année suivante, ce qu'il n'avait pas vu depuis Henry VIII, un parlement composé de catholiques, et leur premier acte, après un siècle et demi de persécutions, est de proclamer le principe de la liberté religieuse. Mais cette déclaration ne peut produire d'apaisement parce qu'elle est accompagnée d'un autre *bill* qui dépossède en masse les colons anglais. On connaît les événements qui suivent : les deux sanglantes batailles perdues par les jacobites au passage de la Boyne et dans la plaine d'Aghrim, les derniers défenseurs de l'Irlande enfermés dans Limerick et réduits à se rendre après une longue et héroïque défense.

Une réaction furieuse se déchaîna, le danger passé, dans le parlement protestant de 1693. Ces gens avaient en peur : ils furent implacables. Guillaume, dégoûté de cette explosion de fanatisme qui dérangeait sa politique conciliante, chargea son vice-roi, lord Sydney, de les mettre à la raison. Guillaume est une figure curieuse et quelque peu équivoque. Ce grand général, qui est presque toujours battu, ce libéral qui contresigne en gémissant des lois persécutrices, cet honnête homme qui détrône son beau-père, ce mari qui adore sa femme et qui prend une maîtresse pour se conformer à l'usage princier, mais qui la prend louche et vilaine, comme pour se punir à l'avance par son crime même, a dû donner quelque malaise à ses admirateurs. Tout pesé, il était bien supérieur à son temps et à son peuple. Ses sujets tentèrent de l'assassiner ; ses propres ministres le traitaient avec une froide insolence ; il subit tout, afin d'avoir, en retour, les mains libres dans sa politique continentale. Mais, en Irlande, son honneur était engagé. Ce qu'il avait accordé aux défenseurs de Limerick, c'était moins une capitulation qu'un traité où était stipulée une sorte d'amnistie avec certains droits, quelque chose comme un édit de Nantes mitigé et approprié aux conditions locales. Par une négligence inconcevable, la clause la plus importante avait été omise sur le texte authentique que les contractants avaient revêtu de leurs noms. Mais le général de Guillaume, Ginckel, reconnaissait cet oubli, et le roi endossait la parole de son lieutenant. Le petit parlement irlandais, jouant au sénat romain après les fourches caudines, refusait de faire honneur à la signature royale. On pria, on menaça, on prorogea : rien n'y fit, et Guillaume dut céder. Les articles de Limerick ne furent pas désavoués, mais on les rendit illusoires en votant, par voie législative, des mesures contraires. Alors commença l'élaboration des « lois pénales, » monstrueux échafaudage, monument de bêtise et de méchanceté qui n'a d'analogue dans l'histoire parlementaire d'aucune nation. Chacune de ces lois passa et repassa devant quatre corps délibérants, lue et discutée plusieurs fois dans chacun d'eux. Ce ne fut pas l'œuvre d'un homme, ni d'un jour, ni d'une génération ; ce ne fut pas le délire passager de l'accès de fièvre réactionnaire. Les pères et les fils y travaillèrent, et, plusieurs fois retouchées avec amour, il fallut vingt-cinq ans pour les amener à leur dernière perfection.

« Un acte du parlement anglais, dit M. Lecky, interdisait aux catholiques de siéger dans le parlement d'Irlande. On les priva ensuite du droit de suffrage, on les chassa des corporations (conseils municipaux), de la magistrature (justices de paix), du barreau, du jury ; ils ne pouvaient être ni shérifs, ni procureurs, pas même marguilliers, garde-chasse ou constables. » Ils ne pouvaient, cela va sans dire, faire partie de la marine, ni de l'armée. « Défense de garder une arme en leur logis. Un maire, un shérif, avait le droit d'ordonner une perquisition, de pénétrer chez eux à toute heure et de bouleverser leur maison. Y trouvait-on une canardière ou une poire à poudre, l'amende, la prison, le fouet, le pilori ! Un catholique n'a pas la permission de posséder un cheval qui vaille plus de cinq livres, et sa monture est au protestant qui en offre ce prix… » Tout cela n'est rien encore : voici qui est plus cruel. Il était interdit au catholique d'acheter de la terre ou de la recevoir soit par héritage, soit par donation. Tenancier, il ne pouvait contracter un bail dont la durée dépassât trente et un ans, dont le bénéfice net excédât le tiers de sa redevance. En cas de contravention à ces lois, la terre ou la ferme passait au dénonciateur. Ce n'est pas tout encore. La loi poursuivait le catholique jusque dans son foyer, offrant une prime à toutes les passions mauvaises, à l'épouse adultère, au fils dénaturé. Il suffisait à la femme d'un catholique de se dire protestante pour obtenir une portion de son bien ; il suffisait au fils aîné d'un catholique de se dire protestant pour devenir l'héritier de toute sa fortune et pour jouir immédiatement d'une part du revenu. Un catholique laissait-il des enfants mineurs, il avait, en mourant, le tourment inexprimable de savoir que leur tutelle appartiendrait à des protestants, dont le devoir serait de les faire élever dans la religion des oppresseurs. En un mot, le catholique irlandais n'existait plus devant la loi. Le chancelier Bowes et le chief-justice Robinson le dirent un jour nettement, en plein tribunal : *That no such person was supposed to exist as an Irish catholic.* La loi le connaissait seulement pour le punir.

Les évêques, les vicaires généraux, les hauts dignitaires de toute sorte, les moines de tout ordre, étaient proscrits. Défense, sous les peines les plus sévères, de leur donner asile. Ils étaient eux-mêmes passibles de la prison et du bannissement. Rentraient-ils dans le royaume, leur cas était assimilé à un cas de haute trahison. Ils devaient en conséquence être pendus, leurs entrailles arrachées, leurs membres coupés en quartiers. Quant aux simples prêtres de paroisse, on leur permettait de vivre à la condition de prêter un serment qui était en contradiction avec leur loi. Ils étaient inscrits comme des filles publiques, astreints à la surveillance comme des forçats libérés ou des repris de justice. Ils ne pouvaient ni dire la messe ailleurs que dans leur église, ni s'éloigner sans autorisation dans un rayon de plus de cinq milles. Comme il n'y avait plus d'évêques pour en ordonner de nouveaux, on calculait que, dans quarante ou cinquante ans, l'Irlande serait purgée du papisme. L'imagination des législateurs se mit en frais pour trouver des châtiments inédits contre les prêtres insermentés. La chambre des communes voulait les marquer au fer rouge sur la joue ; le conseil privé proposa, tout simplement, la castration. Le cabinet anglais rejeta la motion avec dégoût, et ce couronnement manqua aux lois pénales.

Ces lois, suivant M. Froude, ne furent « malheureusement » pas appliquées. Elles n'étaient que des épouvantails comparables à ceux qu'on place dans les champs pour effrayer les oiseaux. Une distinction est ici nécessaire. Les lois contre les prêtres furent négligemment appliquées et tombèrent promptement en désuétude ; les lois qui touchent à la propriété et aux fermages furent, en général, rigoureusement suivies jusqu'au jour de leur abrogation. Voilà la vérité.[1]

Section II

Les presbytériens de l'Ulster, dans les veines desquels coulait le sang des soldats de Cromwell, n'étaient pas mieux traités. Le serment du *test*, qu'ils ne pouvaient prêter sans manquer à leurs croyances, les excluait des emplois. Leurs mariages n'étaient point valables ; leurs femmes étaient des concubines, leurs enfants des bâtards. Las de se plaindre et de ne point obtenir justice, les plus âpres, les plus fiers d'entre eux s'expatrièrent et allèrent porter en Amérique, avec leur activité industrielle et commerciale, l'indomptable et farouche instinct d'indépendance qui fit explosion en 1776.

A qui revient la responsabilité de cette double persécution contre les papistes et contre les presbytériens ? Au clergé anglican et à lui seul. Certes, la révocation de l'édit de Nantes est, aux yeux des vrais chrétiens, un acte impolitique, stupide et impie. Encore était-ce une majorité immense qui rejetait hors de son sein une

1 Le caractère et la portée de ces lois ont été admirablement expliqués dans le livre publié par M. l'évêque d'Autun, en 1863, sous ce titre : *Études sur l'Irlande contemporaine.*

minorité infime. En Irlande, le clergé proscripteur représente seulement le onzième de la population. Du moins, ce clergé cherche-t-il à remplacer un culte par un autre ? Pourvoit-il aux besoins religieux du plus grand nombre ? Quelles leçons donne-t-il et quels exemples ? Quelles leçons ? Froude va vous répondre. « Celui qui a charge d'âmes doit être prêt à prononcer, sur toutes les questions vitales, un oui ou un non. Sur toutes ces questions l'église anglicane dit oui et non. Y a-t-il une église ? Oui et non. Le baptême est-il nécessaire au salut ? Oui et non. Y a-t-il un Dieu dans l'eucharistie ? Oui et non. » J'imagine que M. Froude doit connaître cette église, puisqu'il en a fait partie et s'en est évadé. Au XVIIIe siècle, parmi les membres de l'épiscopat, les uns étaient des rationalistes érudits, les autres des athées pratiques. Quels exemples ? Demandez à l'archevêque Bolton. « Un évêque irlandais, selon lui, a cinq choses à faire en ce monde : manger, boire, s'engraisser, s'enrichir et mourir. » Il faut à ces prélats un yacht rien que pour transporter leurs chevaux et leurs carrosses de Holyhead à Dublin. Ils vivent sur leurs terres, mènent une vie de grands seigneurs, occupés de chasse, de courses, de galanterie. L'un d'eux a été nommé évêque d'emblée pour son talent d'aquarelliste, tandis que Berkeley attend longtemps et que Swift attend toujours. Un autre, le vieux Fitzgerald, à demi tombé en enfance, épouse à près de quatre-vingts ans une jeune fille, et lui laisse gouverner follement son diocèse. La plupart de ces hauts dignitaires habitent Londres et ne paraissent que de loin en loin dans leurs résidences épiscopales. Les simples recteurs cumulent sept ou huit paroisses ; ils en perçoivent les bénéfices et envoient un suppléant famélique garder les âmes à leur place. Parfois même, on s'affranchit de ce soin et l'église reste close. En revanche, les paysans voient paraître, à des dates fixes, le percepteur des redevances cléricales, le *proctor*, sinistre oiseau de proie, qui prend la dîme du blé, la dîme des pommes de terre et impose jusqu'à la fange des tourbières dont l'Irlandais alimente son misérable foyer. En 1694, une enquête ecclésiastique faite à Down établit qu'en vingt ans l'évêque Hackett n'a point mis le pied dans son diocèse, qu'il a délégué son autorité à des femmes, vendu des bénéfices à des catholiques. De son côté, l'archidiacre Malhews a falsifié les registres. Un troisième est convaincu d'ivrognerie scandaleuse, un quatrième d'adultère public. Le très révérend Stone occupa quinze ans le siège primatial d'Armagh. Je renonce à faire connaître les goûts bizarres de ce prélat. Le latin n'y suffirait pas : il faudrait parler grec.

Je sais qu'il y a des exceptions. Berkeley, le vertueux évêque de Cloyne, lorsqu'il n'est pas occupé à écrire ces belles absurdités philosophiques qui ont fait sa gloire, étudie, comme pourrait le faire un rédacteur de cette *Revue*, les besoins sociaux, économiques et agricoles de son diocèse. Mais, pour un Berkeley, combien de Hacketts ?

Ce clergé, qui n'avait pas, comme on le voit, l'excuse du fanatisme, est le véritable auteur des lois pénales ; car c'est lui qui a dirigé la politique de l'Irlande et mené le parlement depuis la bataille de la Boyne jusque vers le milieu du XVIIIe siècle. Mais, de 1730 à 1750, les familles puissantes, stimulées par l'exemple de la pairie anglaise, réclamèrent leur part de pouvoir et de corruption, et peu à peu évincèrent les évêques. Il est utile d'entrer dans quelques détails sur la composition et le fonctionnement de ce misérable parlement. Le roi le convoquait, à des dates irrégulières, suivant son bon plaisir. En vingt-trois ans, de 1666 à 1689, on n'avait pas daigné le réunir une seule fois. A partir de la révolution, l'usage s'était introduit de le convoquer tous les deux ans. Jusqu'à quel point cet usage constituait-il un droit, on ne saurait le dire. En tout cas, ce droit, s'il existait, était facile à éluder par une prorogation indéfinie. Tout projet de loi devait être examiné et approuvé d'abord dans le conseil privé d'Irlande, puis dans le conseil privé d'Angleterre. Alors seulement commençait la discussion dans le parlement de Dublin. Mais le droit d'amendement n'existait pas : la loi devait être acceptée ou rejetée en bloc, sous la forme visée par le gouvernement de la métropole. Une fois votée, elle repassait de nouveau le canal de Saint-George pour aller chercher la sanction royale. En ce qui touche la loi de finances, le parlement irlandais prétendait à l'initiative ; mais cette initiative ne lui était pas reconnue par le parlement anglais, et on lui contestait, dans les jours de prospérité, le droit de disposer de ses excédents de recettes. D'ailleurs, l'importance de la loi de finance était singulièrement restreinte par l'existence du « revenu héréditaire, » sorte de budget permanent, dont le service était garanti par certains impôts et que les rois considéraient comme leur propriété absolue. C'est avec ces fonds que s'engraissa la meute rapace de courtisans et de courtisanes, venue d'Allemagne à la suite des Brunswick.

Le parlement irlandais n'était point septennal comme le parlement anglais ; ses membres étaient nommés pour toute la durée d'un règne. Sur trois cents membres qui le composaient, plus de la moitié occupaient des places ou recevaient des pensions du gouvernement. Un siège au parlement passait de main en main, comme une valeur de bourse, haussait ou baissait suivant les circonstances politiques et les variations du crédit, suivant l'âge et la santé du roi. Un simple mandat valait environ 2,000 livres, la propriété d'un bourg de 9,000 à 10,000 livres. D'après un calcul de M. Lecky, cinquante-trois pairs disposaient de cent vingt-trois sièges dans la chambre basse. D'après un autre calcul, que j'emprunte à M. Fronde, l'ensemble des sièges appartenant aux lords, laïques et ecclésiastiques, s'élevait à cent soixante-seize.

Les whigs et les tories avaient alors presque disparu du parlement anglais. On ne connaissait plus que le groupe ou, comme on disait, l'*intérêt* de Newcastle, l'*intérêt* des Grenvilles, celui du duc de Bedford. En dehors de ces noyaux parlementaires, quelques récalcitrants et quelques indécis qui flottaient, comme des épaves cosmiques, passant d'une sphère d'attraction à une autre, en quête d'une nébuleuse ministérielle en formation. Si les distinctions de partis étaient à demi effacées à Westminster, elles étaient complètement inconnues à Dublin. Les Oeresfords, les Fitzgeralds, les Boyles, les Ponsonbies formaient des clans parlementaires : ils manœuvraient ensemble ou séparément, suivant le mot d'ordre de leurs chefs défile. On nommait ceux-ci les entrepreneurs (*undertakers*).[1] C'étaient des fermiers parlementaires, qui se chargeaient, à forfait, de procurer au gouvernement une majorité en toute circonstance et de la lui conserver *per fas et nefas*. En retour, ils recevaient, pour eux, des promotions dans la hiérarchie nobiliaire, pour leurs parents et leurs créatures, des pairies, des grades, des bénéfices ecclésiastiques, des charges de justice et de finances, des sinécures et des pensions.

En 1749, l'un des chefs de groupe, Boyle, alors *speaker* de la

---

1 L'expression anglaise a un sens lugubre que le mot français ne comporte pas. On appelle aussi *undertakers* les industriels qui se chargent des enterremens. Dickens a dessiné deux ou trois types inimitables d'*undertakers*.

chambre des communes, avait fait une découverte aussi importante, dans l'histoire de la corruption politique, que celle de la circulation du sang en physiologie, ou, en astronomie, celle de la gravitation. Elle est très simple, comme toutes les grandes découvertes, et peut se formuler ainsi : un homme politique ne doit pas se vendre au gouvernement, mais seulement se louer. A partir de ce moment, le vice-roi dut acheter périodiquement ceux dont il se croyait le concours assuré et qui étaient les agents directs de l'état.

Au moment où Boyle fait l'application de son principe, on voit naître à Dublin quelque chose qui ressemble à un commencement d'opinion publique. Un apothicaire, appelé Charles Lucas, agite la population protestante par des pamphlets où il signale les empiétements du pouvoir sur les privilèges des corporations. Par degrés, il en est venu à soulever certaines questions de liberté politique et commerciale ; il demande la réforme du parlement. Le cabinet anglais choisit ce moment pour disputer aux communes irlandaises la libre disposition d'un excédent budgétaire. Boyle entre aussitôt dans son rôle de patriote offensé et de champion des privilèges parlementaires. Le vice-roi, après avoir essayé de lutter, vient à composition. Boyle est créé comte sous le nom de lord Shannon avec une pension de 2,000 livres. Dès lors, tout est bien en Irlande ; on brûle publiquement les écrits de Lucas et le pamphlétaire est contraint de s'exiler.

Dix-huit ans après, nous voyons le fils de ce même lord Shannon se présenter chez le vice-roi, lord Townshend, débarqué de la veille. Il est accompagné de deux autres *gentlemen*, Ponsonby, le *speaker* de la chambre des communes et l'avocat Hely Hutchinson. Ces trois messieurs ont dans leur poche une majorité ; ils viennent, le sourire aux lèvres, l'offrir au vice-roi. Les deux premiers ont apporté une liste de promotions et de pensions pour leurs amis. Le troisième ne demande rien, étant très désintéressé. D'ailleurs, il a déjà une grande place et une grosse sinécure, et la charge qu'il vise n'est pas encore vacante. Il désirerait seulement un établissement pour chacun de ses fils et la pairie pour sa femme. Une misère ! Comment refuser un titre à une dame qui en a envie ? Si le vice-roi accepte, c'est marché conclu. Il refuse : ce sera la guerre. Ces messieurs n'écouteront plus que leur patriotisme ; ils n'auront plus qu'une pensée, faire échec aux oppresseurs de l'Irlande.

Dans l'enfance du libéralisme, c'était l'usage d'anathématiser les gouvernements corrupteurs. Aujourd'hui, on garde un peu de mépris pour les gouvernés qui veulent à toute force être corrompus. En Irlande, l'effronterie allait si loin qu'on réclamait les faveurs du gouvernement le pistolet à la main. Il y avait, dans le parlement, en 1774, un gentilhomme nommé Beauchamp Bagenal. Ce curieux personnage était l'expression la plus excentrique d'un type alors très commun parmi la *gentry* irlandaise. Il avait voyagé sur le continent dans un appareil quasi royal ; il avait séduit une princesse, s'était battu en duel avec un prince. A quelque temps de là, on le trouve grisant le doge de Venise, puis pénétrant dans un couvent, l'épée haute, pour enlever une nonne. S'étant mis en tête d'obtenir un congé pour un de ses cousins, un officier qui servait alors en Amérique, il écrit sur ce sujet au colonel Blaquière, secrétaire du vice-roi. Blaquière répond avec beaucoup de politesse que ces sortes d'affaires sont en dehors de sa compétence et de son pouvoir, le vice-roi n'ayant pas qualité pour accorder des congés aux officiers de l'armée d'Amérique. Furieux, Beauchamp Bagenal riposte par un cartel ; Blaquière l'accepte. Le lendemain, on se rencontre dans Phœnix-Park. L'arme choisie est le pistolet. En raison des sérieux motifs du duel, Bagenal demande que les combattants soient placés plus près que de coutume : le colonel y consent. Il est favorisé par le sort et tire en l'air. Bagenal vise longuement et presse la détente ; le pistolet rate. Il l'arme une seconde, puis une troisième fois : nouveaux ratés. « Votre pierre ne vaut rien, dit le colonel, toujours en position ; il faut la gratter. — Vous avez raison, répond Bagenal. » Il tire une clé de sa poche et gratte. Le pistolet rate encore : « Je vous en prie, monsieur, dit le colonel, changez votre pierre ! » La pierre est changée. Cette fois, le coup part ; la balle effleure la tempe de Blaquière et perce son chapeau. Maintenant, c'est son tour. Comme il s'apprête à tirer en l'air : « Visez, monsieur, de grâce ! dit Bugenal. — Monsieur, répond Blaquière, comme je ne sais pas du tout pourquoi je me bats, je n'ai aucune envie de vous tuer. — N'importe, monsieur, faites-moi, je vous prie, l'honneur de me viser. » Blaquière s'obstine à tirer en l'air, et Bagenal est sur le point de lui chercher une seconde querelle à ce sujet. Mais les seconds s'interposent et déclarent l'honneur satisfait. Blaquière devient l'idole de la société de Dublin, sans que

Bagenal perde rien de sa popularité.

Section III

Le lecteur commence à entrevoir cette étrange vie parlementaire : des marchandages hypocrites, égayés par des explosions de susceptibilité grotesque. Le gouvernement anglais avait entendu faire du parlement de Dublin un bureau d'enregistrement pour ses caprices législatifs ; l'ambition et la cupidité des grandes familles l'avaient métamorphosé en une agence de chantage politique. Jamais parlement n'a senti à ce point le renfermé ; jamais corps délibérant n'a été plus soigneusement tenu en lieu clos, plus minutieusement abrité contre les libres courants qui se jouent autour de son enceinte. Et pourtant ce même parlement allait être presque malgré lui, presque à son insu, un instrument de régénération et d'affranchissement, simplement parce que des hommes y étaient réunis et y parlaient tout haut des affaires du pays. Dans l'ordre politique comme dans l'ordre physique, le besoin ne crée pas l'organe, mais, si cet organe existe, il le transforme ; vicieux, il le redresse ; débile, il le fortifie ; incomplet, il l'achève, le perfectionne et l'approprie à la fin voulue. « Mieux vaut, — écrivait Gustave de Beaumont en 1839, — mieux vaut un parlement corrompu que point de parlement ; » et, malgré les mécomptes des cinquante dernières années, je ne vois pas que cette phrase ait cessé d'être vraie.

On ne jette pas impunément de grands mots dans l'imagination populaire ; on ne réveille pas en vain certains échos. La petite comédie patriotique, jouée au bénéfice exclusif de lord Shannon et de ses compères, eut des suites que ses auteurs n'avaient ni désirées, ni prévues. En 1759, au milieu des inquiétudes causées par la guerre avec la France, quelqu'un prononça le mot d'Union. L'Irlande l'avait demandée à genoux en 1704 et ne l'avait pas obtenue. En 1759, elle se soulevait d'indignation à la seule idée d'y être contrainte. Le jour de la rentrée du parlement, une foule immense sortit des ruelles tortueuses qui entourent la vieille cathédrale de Saint-Patrick et se dirigea sur College-Green. En tête marchaient des figures sinistres et menaçantes que personne ne se souvenait d'avoir vues auparavant. Les salles du parlement furent envahies, et les émeutiers, par dérision, placèrent sur le trône une vieille femme ivre avec un bout de pipe dans la bouche. Chaque pair, chaque député qui se présentait était obligé de jurer qu'il ne voterait jamais pour l'Union. Le chancelier refusa ce serment : on le repoussa brutalement. Le maire, mandé au château, déclare n'avoir pas la force suffisante pour agir. On lui propose de mettre des troupes à sa disposition, et il refuse. Vers le soir, l'autorité se décide à l'action. Des charges de cavalerie nettoient les rues, le parlement est évacué ; les émeutiers disparaissent, laissant seize des leurs sur le terrain. C'est la première des journées révolutionnaires modernes, l'entrée du *mob* sur la scène politique.

Un événement tout différent vient, l'année suivante, modifier la situation. Un prince de vingt-trois ans monte sur le trône, plein de ces idées de gouvernement personnel, très naturelles quand on s'appelle Louis XIV, mais très ridicules lorsqu'on ne doit être que George III. Sa mère lui avait souvent répété d'un ton impérieux : *George, be a king.* Et il s'efforçait d'être « un roi » pour faire plaisir à sa mère ; il était despote par obéissance. Le clergé et la magistrature devaient être épurés, comme le ministère. Plus de prélats frivoles, de juges complaisants, de politiciens véreux. Surtout, plus de sinécures, plus de pensions. Le roi, quand il fut vraiment hors de pages, c'est-à-dire débarrassé de Chatham et des Grenville, remit ses vues par écrit au vice-roi d'Irlande. Elles étaient dignes d'un collégien qui a étudié l'art de régner dans Cornélius Nepos, et se terminaient par cette recommandation comique qui n'eût pas laissé d'être embarrassante si elle avait été prise au sérieux : « Si l'on vous donne, de ma part, des ordres contraires à ces instructions, n'obéissez pas ! »

Le premier point du programme royal était la destruction de l'influence parlementaire des grandes familles, qui, depuis l'avènement des Brunswick, tenaient la royauté en tutelle. L'émancipation de la couronne aurait profité au pays si elle avait été tentée au moyen d'une réforme parlementaire qui eût appelé à la vie politique des classes nombreuses de citoyens et fait de la représentation des intérêts et des opinions une vérité. Mais pareille idée ne pouvait germer dans le cerveau étroit de George III ou de son mentor, lord Bute. On ne sut que substituer une corruption à une autre ; on acheta les votes isolément au lieu de les acheter en bloc. Il fallut augmenter les sinécures et les pensions qu'on s'était juré de supprimer.

En Irlande, la besogne fut particulièrement difficile et onéreuse. Nous n'entrerons pas dans les mesquins et innombrables incidents de cette lutte entre la royauté et l'aristocratie. L'Irlande en paya les frais, mais elle en recueillit les bénéfices. En effet, même dans une société politique dont la corruption est le grand ressort, tout ne peut pas se faire par la corruption. Les deux partis flattaient tour à tour l'opinion. L'aristocratie, pour se faire un programme d'attaque ou de résistance, prenait en main les griefs de l'Irlande, et Dieu sait si l'Irlande manquait de griefs ! Le gouvernement, à son tour, affectait d'avoir plus à cœur que personne les intérêts et les besoins du pays. De cette émulation hypocrite sortirent d'heureuses réformes.

Ne cherchons pas ici l'abnégation enthousiaste de la noblesse française dans la nuit du 4 août. A Dublin, nous voyons une oligarchie de privilégiés qui demande la suppression de ses privilèges, mais qui meurt de peur d'être prise au mot. Tel crie tout haut contre les pensions qui, dans le moment même, en sollicite une, secrètement, pour un frère, un fils ou un cousin. Tel réclame un parlement septennal et suppute en lui-même combien il perdra, par cette réforme, sur le capital consacré à l'achat de son siège. Un troisième vote ouvertement la taxe sur les absents, et prie le ciel avec ferveur pour que cette taxe soit repoussée par le parlement anglais, car il y voit un acheminement vers l'impôt foncier qui l'atteindrait lui-même dans son revenu. Le gouvernement prolonge cet embarras ; il en jouit et il en joue. Blaquière est très plaisant dans ces occasions ; il conserve, au milieu du parlement, le même sang-froid comique que vous lui avez vu sous le feu de Bagenal. Il a toute la franchise de Scapin, toute l'ingénuité de Figaro. Il met « son cœur sur la table ». Il est pour la taxe des absents, quoiqu'il ait entendu dire contre le projet bien des choses qui l'ont ébranlé. Enfin, il est toujours pour la taxe,.. mais il n'a pas la prétention d'indiquer aux Irlandais où est leur intérêt : ils le connaissent mieux que lui. En pareil cas, le Château reçoit des conseils et n'en donne pas. La sagesse du parlement décidera. Pour lui, il ne serait pas surpris de voir ses meilleurs amis, ceux dont il estime le plus le jugement, voter aujourd'hui dans un sens opposé au sien.

Le héros de cette période parlementaire, qui s'étend de 1760 à 1776, est Henry Flood. C'était un jeune homme riche, qui avait étudié en Angleterre, toutefois sans y perdre cet accent gras et pâteux qui donne une physionomie grotesque à certains mots anglais dans des bouches irlandaises, et qu'on nomme le *brogue*. A Oxford, il avait copié les deux discours sur Ctésiphon et appris par cœur les morceaux les plus saillants de Cicéron. Dans le parlement, il parlait facilement, argumentait avec forée ; mais son éloquence était froide, elle avait les bras collés au corps, comme les œuvres de la statuaire primitive. L'âme passionnée de l'Irlande n'était pas en lui. Après avoir été douze ans sur la brèche, Flood crut pouvoir faire ce qu'avaient fait avant lui d'autres patriotes, Malone, le premier Fitzgibbon et cet Hutchinson dont le nom s'est déjà rencontré dans ce récit. Il accepta les avances du gouvernement, et après une laborieuse négociation, que nous aimerions ne pas connaître, il devint vice-trésorier. Il avait mal choisi le moment pour déserter son poste de combat ; des événements se préparaient qui allaient agrandir le rôle et les espérances du parti populaire.

Lorsqu'éclata la révolte des colonies américaines, l'Irlande adopta une conduite qui n'était peut-être pas très généreuse, mais qui n'était ni déloyale ni maladroite. Elle se garda de faire cause commune avec les insurgés, mais elle conçut l'espoir de faire payer sa fidélité. L'occasion lui semblait belle pour reconquérir, avec l'indépendance législative, la liberté industrielle et commerciale, vainement réclamée par Molyneux et par Swift. A cette heure critique, Flood, morose et boudeur, rongeait son frein. Il n'avait point rendu au gouvernement les services attendus et ne l'avait appuyé que d'un vote silencieux. A la fin, n'y tenant plus, il rompit sa chaîne et vint redemander sa place à la tête de l'opposition. Il la trouva prise par un nouveau venu, par Henry Grattan.

Grattan n'avait point de fortune. Son père, *recorder* (greffier municipal) et député de Dublin au parlement, s'était signalé par son acharnement contre Charles Lucas. Swift a laissé, dans ses papiers, une liste de ses amis divisée en trois catégories, les agréables, les désagréables, les indifférents. Le père de Grattan figure parmi les premiers ; mais je ne sais si c'est un titre d'avoir été l'ami de Swift. Henry Grattan, après avoir fait son éducation universitaire à Trinity-College, se rendit à Londres. Il devait y étudier le droit et parait y avoir surtout étudié la rhétorique parlementaire. Pendant que Chatham déclamait ses magnifiques monologues oratoires avec cette puissance d'action qui faisait de lui le premier tragédien de l'époque, à côté de Garrick, le jeune étudiant irlandais, auquel personne ne prenait garde, notait au passage les nuances les plus fugitives, les plus légers artifices, au point de garder pour de longues années, dans son oreille ravie, l'indéfinissable magie d'une intonation. Flood s'était contenté d'étudier le squelette de l'éloquence classique. Grattan avait sous les yeux l'éloquence elle-même, vivante et brûlante : **grec**, comme disait Eschine à ses élèves. Nul n'a compris Chatham comme Grattan, et nul ne l'a mieux expliqué. Au retour de ces longues séances dans, la galerie du parlement, le jeune homme s'exerçait dans sa chambre à improviser. Son hôtesse le croyait fou : « Toute la nuit, disait-elle, il fait des discours à M. Speaker. Y a-t-il du bon sens à parler toujours à une personne qui n'est pas là ? » Quelques années s'écoulent, et c'est dans un vrai parlement, c'est à un *speaker* de chair et d'os que s'adressent les harangues d'Henry Grattan.

L'heure était décisive. L'Irlande espérait et souffrait. La guerre paralysait, au bénéfice des Hollandais, le commerce des toiles, le seul que ses maitres lui eussent permis. L'embargo mis sur les ports, pour assurer l'approvisionnement à bon marché des troupes anglaises, ruinait les fermiers. L'Angleterre, représentée à Dublin par lord Buckinghamshire, que M. Froude définit « un innocent automate, » continuait à chicaner misérablement avec le parlement irlandais sur des questions de troisième ordre. Les corsaires américains insultaient les côtes ; aucune forteresse n'était en état de défense ; sur les remparts à demi écroulés de Limerick et de Cork, les canons de Cromwell et de Guillaume dormaient dans l'herbe sans un artilleur pour les servir. Belfast ayant demandé des secours, l'innocent automate lui envoya soixante dragons : c'est tout ce dont il pouvait disposer pour protéger la seconde ville d'Irlande, la capitale protestante du Nord. L'Irlande était dégarnie de troupes, et le gouvernement tardait à organiser les milices. C'est alors que se levèrent les volontaires. En un moment, les corps locaux s'affilièrent en compagnies ; les compagnies se formèrent en régiments ; un état-major centralisa le mouvement. Une véritable armée nationale se trouva sur pied ; elle compta, sur le papier, jusqu'à 140,000 hommes, et plus de 80,000, dit-on, furent à la fois sous les armes.

Lorsque, le lendemain de la rentrée des chambres, en 1780, le parlement se rendit au Château pour remettre au vice-roi une adresse en faveur de la liberté commerciale, tout le long de la route, les volontaires de Dublin, en grand uniforme, commandés par le plus grand seigneur de l'Irlande, le duc de Leinster, faisaient la haie et présentaient les armes. Étaient-ce des maitres ou des protecteurs que le parlement aurait en eux ? Bien des gens se le demandaient, et Scott, l'attorney-général, traduisit tout haut cette anxiété. « La chambre des communes n'a-t-elle plus, dit-il, qu'à enregistrer ce que les volontaires lui dicteront ? » Cette parole allume un incendie. Le lendemain, de bonne heure, le tambour bat dans le quartier des Libertés, foyer ordinaire de l'émeute. La foule se rend au palais de justice, espérant y trouver son ennemi, de là à sa maison, dont elle brise les vitres. Puis elle se porte vers College-Green, assiège les abords du parlement. Comme en 1759, elle impose à chaque député un serment patriotique. Comme en 1759 aussi, le maire est appelé pour donner des ordres. Les dragons, massés sur la place, le sabre au poing, attendent le signal de charger. Le maire s'avance sur le péristyle, ouvre la bouche : une effroyable clameur lui coupe la parole. Il pâlit, balbutie et se retire. Tout le jour, Dublin est aux insurgés, et les volontaires sont invisibles.

La journée qui suit est curieuse, comme le sont souvent les lendemains d'émeute. C'est là que la politique se montre dans sa laideur, c'est là que l'on récrimine et qu'on se dénonce en famille. L'ordre est rétabli dans les rues, non dans les consciences ; le peuple a laissé comme un limon, en se retirant, sur les bancs législatifs. Ceux qui ont tremblé sont féroces ; ceux qui ont encouragé le désordre sont aigres et inquiets. Yelverton crie à Scott : « Vous êtes le fléau du cabinet anglais ! » et Scott lui répond : « Vous, vous êtes le maître des cérémonies de l'émeute 1 » On mande à la barre le maire de Dublin, qui, une fois hors de la bagarre, avait retrouvé l'esprit et la parole. « Vous avez en peur. — Oui, répond-il, j'ai en peur,.. peur pour cette foule où les innocents étaient mêlés aux coupables ! » Le speaker déclare gravement « que l'humanité de M. le maire mérite l'éloge. » Le gouvernement fait un appel à la conciliation, supplie le parlement de ne pas troubler la paix ; Hussey de Burgh se lève. C'est un beau garçon de trente ans, insouciant et heureux, aimé des femmes et du peuple. On l'avait vu, dans les allées de Phœnix-Park, conduire un attelage à six chevaux. Maintenant on l'appelle le Cicéron de l'Irlande, et le gouvernement s'est hâté de se l'attacher en le nommant *Prime Serjeant*. Son goût du luxe et du faste se retrouve dans ses phrases, et il jette les métaphores à pleines mains, comme les guinées. « Que nous parle-t-on de paix ! s'écrie-t-il. Ce n'est pas la paix que nous avons, c'est la guerre sourde, en attendant la guerre ouverte… L'Angleterre a semé parmi nous ses lois comme les dents du dragon, et il en est sorti des hommes armés ! » Les députés applaudissent avec transport ; le délire passe aux tribunes, gagne la foule qui s'étouffe dans les couloirs, et bientôt les acclamations de la rue renvoient au parlement l'écho de son propre enthousiasme. De Burgh reprend la parole pour souffleter le gouvernement de sa démission publique. L'émotion redouble, et Grattan y met le comble en tendant les bras à de Burgh : « La route des honneurs vous est fermée, celle de la gloire s'ouvre devant vous ! » Quelques jours plus tard, l'Angleterre cède, et accorde à l'Irlande la liberté commerciale.

Grattan ne s'arrête pas à ce premier succès. Il propose au parlement de déclarer, par un acte solennel, son indépendance législative. La motion était prématurée, elle est rejetée une première, puis une seconde fois. Ici, les *leaders* du parti populaire font intervenir directement les volontaires. Simples gardes nationales, jusqu'à quel point les volontaires auraient-ils pu résister à une armée d'invasion, il est malaisé de le dire, puisque leur courage ne fut jamais mis à l'épreuve. Tels qu'ils étaient, ils suffisaient à intimider un gouvernement désarmé. Chaque corps avait pris la forme d'un club armé, se réunissait à jours fixes, prenait des résolutions, les transmettait aux autres corps et les faisait imprimer dans les journaux. Enfin, une sorte de parlement militaire se réunit à Dungannon et adopta un manifeste dont la teneur avait été préparée, de concert, par Flood, Charlemont et Grattan, et différait peu de la déclaration d'indépendance rejetée par le parlement.

La *convention* de Dungannon, — on ne peut s'empêcher de tressaillir en voyant ce terrible nom entrer pour la première fois dans le vocabulaire politique, — était un dangereux exemple pour l'avenir et un acte révolutionnaire au premier chef. On ne s'en aperçut point, parce qu'on était dans cette ère paradisiaque des illusions où tout semble innocent et pur, et aussi parce que les événements ne laissèrent point le temps de réfléchir. La capitulation de lord Cornvallis avait porté un coup fatal au ministère North ; les whigs, amis de Grattan, arrivaient au pouvoir. L'Angleterre passait, comme il lui est arrivé plus d'une fois, d'une sécurité hautaine à une panique désordonnée. Après l'Amérique, allait-elle perdre l'Irlande ? A ce moment, le parlement de Dublin rentrait en séances, au milieu de quelle fièvre et de quelle attente, on le devine. Les tribunes étaient pleines de femmes parées et de volontaires en uniforme. Grattan prit la parole au milieu d'un de ces silences qui préparent les âmes aux émotions profondes. Il rappela d'abord l'œuvre de » dernières années : « J'ai trouvé l'Irlande à genoux, et j'ai veillé sur elle avec sollicitude ; j'ai suivi ses pas de la servitude aux armes et des armes à la liberté. Esprit de Swift, esprit de Molyneux, vous avez triomphé ! L'Irlande est maintenant une nation. C'est sous ce nom que je la salue et que, m'inclinant devant l'auguste image, je lui dis : *Esto perpetua !* »

Ensuite il rendit hommage aux volontaires. « Qu'y a-t-il en d'admirable dans ce mouvement ? Est-ce le nombre des volontaires ? Est-ce leur courage, leur promptitude à réprimer le désordre, leur discipline irréprochable ? Non. Tout cela est beaucoup, mais il y a plus encore. Est-ce l'union de toutes les intelligences, de toutes les fortunes, l'intimité établie entre les maîtres du sol et ceux qui le cultivent, l'accord des protestants et des catholiques ? Non, il y a plus encore : il y a la modération d'hommes ligués pour obtenir leur droit et rien de plus. Car il n'y a point ici de basse rancune contre la Grande-Bretagne, de sourde sympathie pour la France. C'est une nation qui se lève et réclame son héritage de liberté pour en jouir en paix avec l'Angleterre, sa sœur… Comme toutes les institutions humaines, les volontaires disparaîtront lorsqu'ils auront rempli leur rôle. Après avoir donné un parlement au peuple, ils rendront le peuple au parlement. Mais leur œuvre restera. La Grande-Bretagne et l'Irlande seront l'unité dans la dualité ; elles formeront une confédération, un empire ; elles auront pour lien commun, pour trait d'union, la fidélité au trône et l'indépendance constitutionnelle. Et c'est ce dernier lien qui sera le plus fort. Des rois, il y en a partout ! mais la liberté, vous ne la trouverez nulle part que sur le sol et à l'abri de la constitution britannique ! »

Si éloquentes qu'elles fussent, ces paroles n'auraient convaincu personne si l'on n'avait su que la cause était gagnée d'avance. Cette fois, la déclaration d'indépendance fut insérée dans l'adresse en réponse au discours du trône. Un mois plus tard on connut la réponse du gouvernement royal. Franchement généreuse cette fois, l'Angleterre accordait toutes les demandes de l'Irlande. Les vieilles lois Poynings avaient vécu. Le parlement de Dublin recouvrait sa pleine autorité législative, sous la seule réserve de la sanction royale. L'armée nationale était placée sous son contrôle. Le revenu héréditaire, ou budget permanent, source de tant d'abus, prétexte de tant de menaces, était réduit aux proportions d'une simple liste civile. La chambre des lords devenait cour suprême d'appel dans les procès irlandais. Joignez à ces mesures l'*habeas corpus*, qui est la principale garantie de la liberté individuelle, et l'inamovibilité des juges, qui assure l'indépendance du pouvoir judiciaire ; joignez-y encore le rappel partiel des lois pénales contre les catholiques et la suppression des prohibitions commerciales et industrielles votée dans une des sessions précédentes, et vous aurez cet ensemble législatif que les Irlandais appellent la constitution de 1782.

En recevant les nouvelles de Londres, Dublin et les grandes villes se livrèrent à une joie frénétique. On venait d'apprendre aussi le brillant succès de Rodney sur le comte de Grasse. « Les victoires de l'Angleterre, s'écria Grattan, sont maintenant les nôtres. L'Irlande se réjouit avec sa sœur ! » Deux sœurs enlacées ! Telle était l'image favorite qui s'offrait à toutes les pensées et qui faisait monter à tous les yeux des larmes d'enthousiasme. Le parlement qui, peu d'années auparavant, marchandait trois mille hommes à l'Angleterre, vota, par acclamation, 100,000 livres et vingt mille marins. Alors notre ami Bagenal proposa d'accorder à Grattan une récompense nationale de 100,000 livres, avec un palais pour loger « cette incarnation visible de la Providence. » Grattan accepta seulement 50,000 livres. Jusque-là il n'avait vécu que de sa profession d'avocat et voulait être maître de consacrer tout son temps aux affaires publiques. A ce moment, il dominait, inspirait, couvrait le vice-roi ; il était l'âme du parlement, l'idole de la nation. Plus puissant qu'un premier ministre sans en avoir le titre, il avait réalisé le rêve de tous les orateurs patriotes : donner l'impulsion à la vie nationale, sans descendre aux détails, sans s'hébéter dans la routine, sans se compromettre dans de mesquines responsabilités ; gouverner par la parole, par le prestige, comme les grands Athéniens.

Section IV

Lorsque Flood était venu reprendre place sur les bancs de l'opposition, il avait été froidement accueilli. On discutait le bill qui rendait à l'Irlande la liberté du commerce. Il rappela avec amertume que pendant longtemps il avait seul soutenu dans la chambre cette cause maintenant triomphante. « M. Yelverton élève un temple à la liberté commerciale. N'y aurai-je point une niche ? » Quelques amis lui étaient demeurés fidèles, mais ces amis ne brillaient pas, semble-t-il, par l'intelligence ni par la discrétion. Je ne puis résister à la tentation de citer à ce propos une phrase de M. Martin, député de Jamestown. Lorsqu'on désire se faire une idée d'un parlement, il faut connaître ses grotesques comme ses *leaders*.

« M. Flood, disait Martin, est le plus grand caractère qui ait jamais embelli cette contrée, un caractère qui ne doit pas être profané par la langue des hommes impies ; dont le nom ne périra qu'avec le dernier soupir de notre constitution, et dont les facultés transcendantes seront transmises à la postérité aussi longtemps qu'on lira l'histoire de cette planète ; qui, vivant, est l'admiration de son siècle, et dont la mort sera un jour déplorée comme la plus effroyable calamité qu'un ciel irrité ait pu jamais déchaîner sur cette île ; dont le mérite extraordinaire éclipse le mérite des autres hommes et le tient à une humble et respectueuse distance, et dont les talents possèdent un caractère tellement divin que, si jamais j'ai à me faire l'avocat de l'ère présente, je vous déclare que je le ferai en disant à mon fils, si Dieu permet que j'aie un rejeton, que l'âge où j'existai fut préférable à celui où il pourra vivre, parce que je vécus dans le même temps et que j'eus l'honneur de naître dans le même pays que ce grand homme ! »

Lorsque le parlement vota une récompense nationale à Grattan, Montgomery demanda si l'Irlande ne paierait pas aussi à Flood sa dette de reconnaissance. Le parlement, pensait-il, devait faire une démarche auprès du roi afin que l'éminent patriote fût réintégré dans ses fonctions de vice-trésorier. « Car je ne suppose pas, ajouta-t-il, que notre ami accepterait la gratitude du pays sous la forme d'une aumône. » La proposition de Montgomery, ainsi motivée, devenait une insulte au héros du moment : elle ne pouvait être accueillie. Bientôt les deux chefs populaires furent directement aux prises. Grattan se contentait des concessions faites par l'Angleterre et de l'abrogation des anciens statuts ; Flood exigeait une renonciation définitive et en forme aux prétentions du passé. Grattan prêchait la modération ; Flood était l'apôtre des partis extrêmes. Sa phrase, sentencieuse et froide, s'animait d'une passion factice ; son diapason se haussait jusqu'au rugissement révolutionnaire, pour obtenir les applaudissements des tribunes à défaut de l'adhésion du parlement. Pour émouvoir, il exploitait jusqu'à ses infirmités. Il parlait volontiers des « derniers efforts de la nature expirante, » de cette « tombe où nous tendons tous, et vers laquelle il marchait à grands pas. » Chatham mourant hantait sa cervelle, comme celle de tous les orateurs de ce temps. Tous voulaient essayer de cette béquille, se draper dans cette robe de chambre de flanelle, qui avait produit de si beaux effets à Westminster. Mais Chatham était mort réellement quelques jours après sa dernière effusion oratoire, tandis que Flood devait survivre longtemps à ces funèbres exhibitions. Un jour Grattan fit une allusion moqueuse aux maladies de son rival. « Il faut peu de délicatesse, dit Flood avec aigreur, pour m'attaquer sur ma mauvaise santé. Infirme ou non, je ne crains pas l'honorable gentleman, je suis prêt à le rencontrer sur quelque terrain que ce soit, le jour ou la nuit. Je serais bien bas dans l'opinion de mon pays et dans ma propre estime, si je n'y étais placé bien au-dessus de lui. Je ne viens pas ici, enveloppé dans un manteau de métaphores pour éblouir et tromper le peuple. Je ne suis pas capable de traiter un parlement de prostitué pour en faire ensuite l'instrument de mon intérêt privé. Je ne suis pas le mendiant patriote qui se vend à son pays pour une somme d'argent, et qui ensuite vend son pays pour être plus tôt payé… Permettez-moi de dire que, si le *gentleman* s'engage souvent dans un débat comme celui-ci, il ne lui restera pas grand'chose à la fin de la session dont il ait sujet de se vanter. »

Grattan se leva, tremblant de colère, mais parfaitement maître de lui. « Je supposerai, dit-il, un personnage public dont l'habitude constante a été d'insulter tous ceux qui ne pensent pas comme lui et de trahir tous ceux qui ont mis leur confiance en lui. Je le prendrai dès le berceau et je diviserai sa vie en trois étapes : la première, violence ; la seconde, corruption ; la troisième, sédition. Supposons qu'un tel homme existe, je l'arrête, et je lui dis, — ici il regarde Flood en face : — Monsieur, vos talents ne sont pas aussi grands que votre carrière est infâme. Vous êtes resté silencieux pendant des années, et on vous payait ce silence. Quand on débattait de grandes questions auxquelles était suspendu le sort de l'Irlande, on pouvait vous voir errer, comme une ombre coupable, attendant l'heure de glisser avec les autres un vote vénal. Ou bien encore, avec votre accent vulgaire, singeant les allures et jusqu'aux souffrances de lord Chatham, vous tâchiez de reconquérir votre popularité perdue. Et vous planiez sous le dôme, oiseau de mauvais augure, au cri sépulcral, à l'aspect cadavérique, au bec ébréché, prêt à fondre sur votre proie. Tenez, monsieur, personne n'a confiance en vous. Le peuple ne vous croit pas, les ministres ne vous croient pas : vous avez trompé tout le monde. Où étiez-vous quand on votait l'impôt sur les sucres ? Où étiez-vous quand on votait le blocus de nos ports ? .. Ah ! je vous le dis, à la face du pays, à la face du monde : vous n'êtes pas un honnête homme ! » Flood demeure un moment comme anéanti. Puis il se lève, écumant, balbutiant, il veut parler, le *speaker* lui interdit la parole. Même dans cet orageux parlement, au milieu d'hommes habitués à la lutte, la fureur de ce duel oratoire épouvantait. On mit les deux adversaires en prison pour les empêcher de se battre sur l'heure.

Flood chercha à s'appuyer sur les volontaires, qui étaient devenus un embarras et un danger. La guerre était finie, la liberté conquise, et ils restaient en armes, plus nombreux, plus bruyants que jamais. Grattan essayait de leur faire entendre raison par des allégories. Il les comparait à « un millier de torrents qui se précipitent du haut d'un millier de collines et se réunissent dans la plaine. Leur miroir reflète un moment l'image de la constitution britannique. Puis les eaux s'écoulent, les torrents cessent, la rivière clapote paisiblement dans son lit, et les enfants du village jouent autour des mares, dernière trace de l'inondation. » Mais la rivière refusait de rentrer dans son lit et mugissait au lieu de clapoter. La fièvre du galon, qui est endémique chez les Celtes, était à son paroxysme ; elle gagnait jusqu'aux évêques. On les avait tant adulés, les volontaires ! Les femmes leur brodaient des drapeaux ; les plus grands seigneurs se disputaient le privilège de leur verser à boire ; leur général, avec cette platitude qui caractérise les chefs élus, leur avait dit : « L'Europe tient les yeux fixés sur vous, elle vous vénère ! » Ils se réunirent une seconde fois à Dungannon. Cette fois, ils ne se contentaient plus de formuler les griefs particuliers de l'Irlande ; ils commençaient à fabriquer des axiomes généraux, à *maximer* pour le genre humain. Enfin trois cents de leurs délégués, régulièrement élus, vinrent en grande pompe ouvrir à Dublin une réunion solennelle, où fut délibéré, article par article, un plan de réforme parlementaire. Comme Robespierre portant à la tribune de l'assemblée les motions des Jacobins, Flood, en grand uniforme de colonel des volontaires, introduisit le plan de réforme, sous forme de projet de loi, dans la chambre des communes. Yelverton, l'ancien maître des cérémonies de l'émeute, devenu l'organe du gouvernement, — le cas n'est pas rare, — commença son discours par les mêmes paroles que, trois ans auparavant, il avait amèrement critiquées dans la bouche de Scott : « Nous ne sommes pas ici, dit-il, pour enregistrer les édits d'une autre assemblée, ni pour recevoir des propositions de lois à la pointe de la baïonnette… à quoi bon feindre d'ignorer ce que tout le monde a vu, ce que tout le monde a entendu ? Des hommes en armes siégeant comme un corps délibérant, formant des comités et des sous-comités, recevant des rapports et des pétitions, offrant en un mot la parodie complète d'un parlement. Est-ce donc l'heure de changer notre constitution ? Est-ce à des associations armées, si sages qu'on les suppose, que nous irons en demander une meilleure ? Cette constitution, avant d'en avoir joui pendant une seule session, la rejetterons-nous comme font les enfants capricieux du jouet pour lequel ils ont longtemps pleuré ? .. Je dis aux volontaires : Non, vous ne repousserez pas les biens que vous possédez. Cultivez vos propriétés, jouissez des fruits de votre vertu, faites de vos épées des fers de charrue ; retournez à vos labeurs, et laissez aux législateurs le soin de faire des lois. Quant à nous, notre salut dépend du vote que nous allons rendre. Nous délibérons près d'un abîme : un pas en arrière, et nous y tombons ! »

Flood eut beau menacer, les tribunes eurent beau murmurer,

le parlement vota le rejet de la proposition, et affirma, de plus, ses droits par une résolution conçue en termes énergiques. Les volontaires se soumirent, et leur organisation politique ne tarda pas à se dissoudre. Peu après, Flood acheta un bourg pourri en Angleterre. Son début à Westminster fut un fiasco ; il ne s'en releva point et végéta, unité isolée, monade obscure, dans ce grand parlement qui ne le connaissait pas, loin de son pays, qui l'oublia.

Section V

Il est difficile de peindre la vitalité exubérante et désordonnée du parlement irlandais pendant ces années troublées. L'atmosphère ambiante est chargée d'orage. Pendant la discussion du *bill* de régence, les étudiants, armés de sabres et de pistolets, livrent à la police un combat sanglant, aux portes même de la salle. Les tribunes sont toujours houleuses. Souvent elles injurient ceux qui leur déplaisent et couvrent la voix des orateurs du gouvernement. A leur tour, les membres menacent du poing les tribunes et traitent de « canailles » les spectateurs qui les occupent. La contradiction prend une forme âpre et violente : « Si vous acceptez ceci, dit un membre à propos du traité de commerce avec l'Angleterre, vous n'êtes plus un parlement. » Un autre s'étonne que le secrétaire du vice-roi qui a déposé ce traité dans la chambre en soit sorti vivant. Un troisième, discutant le *bill* qui attribue au gouvernement le droit de faire des visites domiciliaires, déclare que, si un agent ose se présenter à sa porte, il ira au-devant de lui avec la grande charte dans une main et un pistolet dans l'autre : « Et je jure devant le Dieu vivant qu'un de nous, lui ou moi, restera sur la place. » Grattan traite ses adversaires de menteurs, et répète trois fois le mot. Sur quoi M. Parsons traverse la chambre, et se précipite sur lui comme pour le déchirer. Des provocations s'échangent qui aboutissent à des rencontres souvent mortelles, à moins qu'une intimité passionnée ne s'établisse entre les deux combattons de la veille. Des souilles divers passent sur cette foule comme les vents d'été sur les épis mûrs. De folles gaîtés, des rages furieuses, des attendrissements soudains la secouent et la font vibrer ; puis, ce sont de longues heures de langueur et de paresse. Si l'on pouvait supposer un parlement formé des héros de Shakespeare, c'est ainsi qu'il faudrait se le figurer.

Le parlement a son moraliste dans Browne, son homme d'esprit dans sir Hercules Langrishe. Lorsque Browne, rappelant les obligations chrétiennes attachées à la possession de la terre, dit à ses auditeurs : « Avez-vous fait votre devoir ? Etes-vous sûrs d'avoir fait votre devoir ? » le parlement se courbe sous cette parole austère comme une congrégation méthodiste sous celle de Wesley ou de Whitefield. Langrishe a fait ses premières armes en amateur, dans le journalisme anonyme et satirique ; il a cessé d'être libéral, mais il est resté spirituel. Il manie adroitement l'ironie réactionnaire : « Dix personnes qui se plaignent et qui crient, dit-il, font plus de bruit que dix mille personnes qui sont satisfaites et qui se taisent. » Il dit encore : « Vous me parlez de la voix du peuple ? J'entends : vous voulez dire la voix de ceux qui vous font écho. » Et ses ennemis eux-mêmes font fête à ces mots caustiques : car l'épigramme les délecte autant que l'hyperbole. Curran, mélange du poète et du légiste, un Camille Desmoulins sans fiel, apporte dans le parlement, avec son abondance incorrecte, l'humeur joyeuse de la jeunesse. Curran, c'est l'enfant des grandes villes, quand par hasard il est bon.

Les ai-je tous nommés ? Non. Voici le plus redoutable, Fitzgibbon. C'est le petit-fils d'un laboureur ; son père est né dans une hutte de boue. Peut-être ceux qui sont sortis du peuple sont-ils seuls assez robustes pour lui tenir tête et pour supporter le poids de sa haine : or ce fut précisément la destinée de Fitzgibbon. Il n'a point, — eût dit Mardoche, — le crâne fait comme ses compatriotes. Point d'imagination, rien de la redondance irlandaise ; son mot franc et brutal, qui va droit au but, assène une vérité désagréable sur la nuque de l'adversaire. C'est un paysan qui combat avec une massue ; il n'égratigne pas, il assomme. Dès son premier discours, il traite ceux qui le contredisent de « sots, » et les faits qu'on lui oppose de « cancans idiots. » Il dit en face à l'Irlande « qu'elle ne pourrait pas vivre un seul jour sans l'Angleterre. » Lorsqu'on s'apitoie sur les rigueurs de la dîme ecclésiastique, il répond hardiment que les véritables sangsues de l'Irlande, ce sont les propriétaires, et c'est à un parlement de propriétaires qu'il adresse cette confidence. D'un coup de boutoir, il crève les prétentions, dérange les mises en scène hypocrites, déshabille les patriotes et les envoie rouler, meurtris et hurlants : « Je demanderai aux *gentlemen* qui crient si fort contre les pensions si jamais aucun d'eux n'a pensé que ses propres services méritassent une pension… Non, pas un ! Aucun d'eux ne consentirait à recevoir une pension ? Non, pas un ! Pas un qui songe à déserter son parti ! Pas un qui veuille venir avec nous et nous donner son vote ! Pas un ! Pas un ! » Flood, entraîné par une métaphore, l'avait un jour accusé de se dérober, comme s'il était honteux lui-même de la loi proposée : « Moi, rougir ! Moi, me cacher ! Le *gentleman* plaisante. Jamais je n'ai éludé une question, fui devant une responsabilité. Quand je désapprouve une mesure, je la combats comme un homme. Quand j'approuve une mesure, je la défends comme un homme. »

L'impopularité, lorsqu'on s'y entête, lorsqu'on s'y complaît, est presque aussi malsaine que la popularité ; elle ne fausse guère moins le jugement. Si l'on envisage en critique et en artiste les choses de la politique, Fitzgibbon prend sa place parmi les grands cyniques, derrière Walpole et Bismarck. L'historien, considérant ce qu'il a fait et surtout ce qu'il a empêché, est forcé de voir en lui le mauvais génie de l'Irlande, dont Grattan a été le bon génie.

Après avoir conquis son indépendance, il fallait que le parlement en vint à se réformer et à se purifier lui-même, qu'il extirpât de son sein la corruption, et surtout qu'il devînt une expression plus vraie de l'Irlande en ouvrant ses portes à ceux qui composaient les cinq sixièmes de la nation, aux catholiques. Toute autre question était secondaire auprès de celle-là. Il y avait longtemps que le gouvernement avait renoncé à l'espoir de rendre l'Irlande protestante. Dix générations d'hommes d'état s'y étaient usées ; les doucereux avaient échoué comme les violents. Les écoles protestantes, instituées à grands frais et déshonorées par des abus sans nom, restaient vides ou ne se remplissaient qu'en temps de famine. Le peuple demeurait fidèle au maître d'école mendiant et proscrit qui réunissait ses élèves dans un fossé, à l'ombre d'une haie d'aubépine. En soixante et onze ans, malgré toutes les primes offertes à l'apostasie, on n'avait obtenu que quatre mille cinquante-cinq conversions. C'étaient les protestants qui passaient en masse à la religion romaine, vaincus par cette merveilleuse puissance d'assimilation qui est le don des Celtes et dont les Irlandaises, vertueuses et passionnées, étaient les agents irrésistibles. Ce sont les historiens protestants qui leur rendent cet hommage et je ne fais que l'enregistrer. Moins de quatre-vingts ans après la promulgation des lois pénales qui devaient les anéantir, le nombre des catholiques avait quadruplé ; de huit cent mille il s'était élevé à trois millions.

Nulle part le catholicisme n'a jeté des racines plus vivaces qu'en Irlande ; nulle part il n'a fleuri avec plus de grâce. La poésie de ses croyances a façonné le génie national ; le délicieux parfum de ses légendes a comme embaumé l'imagination populaire : en sorte que l'Irlande, de toute nécessité, doit être catholique ou ne pas être. Quiconque tient une plume libre entre les doigts et n'écrit pas pour aduler la canaille imbécile dira que le courage et la vertu du clergé irlandais sont un des beaux spectacles de l'histoire. En deux cent cinquante ans, M. Froude, qui a compulsé (avec tant de passion, mais avec tant de conscience !) les archives criminelles de Dublin, n'a trouvé qu'un seul prêtre accusé d'avoir manqué à la chasteté. Quant à l'héroïque obstination avec laquelle ils résistèrent à la proscription, un chiffre suffira. Au moment où les lois étaient dans toute leur sévérité, il y avait en Irlande cinq fois plus de prêtres catholiques que de clergymen protestants. Avec des *informers* pour limiers et des habits-rouges pour piqueurs, les gentilshommes chassaient au prêtre dans les *bogs* et les montagnes de l'intérieur. Traqués comme des bêtes fauves, fuyant d'asile en asile, les prêtres traversaient le pays semblables à des ombres, partout invisibles, partout présents ; jamais ils ne manquaient d'apparaître au chevet des mourants. Mystérieuse filiation d'une église souterraine comme l'avait été la primitive église ! Il y eut constamment des évêques sans qu'on sût qui ils étaient ni où ils étaient. Pendant que le primat protestant étalait à Dublin le faste païen et princier de ses réceptions, vivait dans une ferme isolée un personnage singulier et vénérable. Le soir, des hommes venus de loin, — car leurs souliers étaient poudreux, — se glissaient dans la maison, s'inclinaient sur la main de cet inconnu et baisaient l'anneau passé à son doigt. On l'appelait M. Ennis. Son vrai nom était Bernard Mac-Mahon, et il était le primat catholique de l'Irlande.

Dès 1750, nous trouvons les vice-rois en relations avec les prélats, les consultant, mettant à profit leur expérience et leur influence. En 1715 et en 1745, lors des grandes levées de boucliers jacobites, les papistes ne bougèrent pas : instruits par le passé, ils avaient séparé leur cause d'une cause ingrate et vaincue. Cette sage conduite porta ses fruits. On les admit d'abord à l'honneur de verser leur sang pour sa majesté très fidèle, le roi de Portugal, allié catholique du roi d'Angleterre. Puis on leur concéda des avantages moins dérisoires, et, en 1780, les lois Gardiner leur rendirent leurs droits civils, dont le plus important était celui de posséder la terre. Dans un pays où le pouvoir politique est uni à la propriété foncière, le catholique, en devenant propriétaire, devait du même coup devenir électeur et éligible. Le ministère anglais et son chef, William Pitt, ne reculaient pas devant cette conséquence logique des prémisses posées en 1780. Nul n'est obligé d'aimer William Pitt ; nul n'est tenu d'admirer un ministre dont le génie consiste à s'être cramponné vingt ans au pouvoir. Mais, dans la question religieuse, il n'a manqué ni de pénétration, ni de justice, ni de bonne volonté. Il comprenait vaguement que le catholicisme est, dans l'époque moderne, la première et la plus puissante des forces conservatrices, et il songeait à l'utiliser dans sa lutte contre la révolution. Le parlement irlandais n'osa pas le suivre dans cette voie. Grattan, s'élevant, — ce n'est pas pour lui un mince honneur, — au-dessus des intérêts de secte et de parti, s'écria éloquemment : « Le moment est venu de décider si nous serons une colonie protestante ou si nous serons la nation irlandaise ! » Mais Fitzgibbon, avec une lucidité cruelle, montra la question agraire se levant derrière la question politique. La majorité numérique opprimerait, annulerait la minorité. Les catholiques n'étaient rien : ils seraient tout. Ils n'avaient jamais accepté leur spoliation comme définitive. On se transmettait de main en main la carte d'Irlande divisée entre les anciens propriétaires du sol, et les pères léguaient à leurs fils, par testament, ou donnaient en dot à leurs filles des domaines d'où leurs ancêtres avaient été chassés par la violence cent cinquante ans auparavant. Le parlement n'entendit que trop bien ces raisons. Une loi fut votée en 1792, qui admettait les catholiques au barreau ; une autre, en 1793, leur octroya l'électorat politique, mais leur refusa l'éligibilité, et on s'arrêta là.

Les dates que je viens d'écrire sont significatives. Elles indiquent qu'un nouvel élément s'était introduit dans la situation. Je n'ai point à raconter quelle néfaste influence exerça alors sur l'Irlande notre révolution. A l'effervescence de la jeunesse ultra-libérale et des classes ignorantes se mesura l'effroi des classes riches et de l'aristocratie foncière. Catholiques et protestants s'unirent, mais comme ils ne devraient jamais s'unir, dans un égal oubli de leurs croyances et dans le fanatisme jacobin. La direction passa des orateurs aux conspirateurs. Le vide se fit autour du parlement. La petite phalange qui combattait autour de Grattan fondait de session en session. Il vint un jour où elle comptait à peine seize membres : puis elle tomba à douze, puis à sept. Tout progrès pacifique et légal était devenu une illusion. Un matin, — c'était en mai 1797, — quinze ans presque jour pour jour après l'établissement de la constitution, Grattan se leva une dernière fois pour soutenir la réforme dans ce parlement qui ne l'écoutait plus. On avait discuté toute la nuit, et le soleil éclairait depuis longtemps les visages fatigués. « Nous vous avons proposé les mesures que nous jugions nécessaires. Vous les rejetterez. Quant à nous, nous ne voulons pas des vôtres. Nous avons rempli notre devoir. N'espérant plus ni dissuader, ni persuader, nous ne vous troublerons plus dans votre œuvre, et, de ce jour, notre place restera vide dans le parlement. »

Alors, n'ayant pas voulu choisir entre la révolution et la dictature militaire, la petite troupe libérale défila et se retira, comme une poignée de braves évacue le fort en ruines qu'elle a défendu, quand il n'y reste ni une amorce ni une bouchée de pain. C'est ici que finit proprement l'histoire du parlement irlandais. La scène suprême n'est qu'un épilogue : peu de mots suffiront pour la raconter.

Section VI

Les trois années qui suivent la retraite de Grattan et de ses amis sont de fatales, de sanglantes années. Guidé par Fitzgibbon dans la voie que Pitt lui-même a tracée, le gouvernement a adopté une politique de résistance et de provocation. L'Irlande est couverte d'espions. Les chefs populaires sont en prison ou en exil. Il ne reste qu'à trouver un général dont les violences exaspèrent la nation jusqu'à la folie. Le brave Abercrombie refuse cette mission indigne d'un soldat, mais elle est acceptée et consciencieusement remplie par Lake. Une insurrection éclate, absurde, insensée, sans plan, sans armes, sans chefs. Des hordes de paysans, conduits par des curés de village, viennent presque aux portes de Dublin. Quand on juge les bourgeois protestants suffisamment terrifiés, on écrase sans peine les insurgés. Puis viennent les procès, puis les exécutions, puis un grand silence. C'est alors qu'est présenté le *bill* d'Union.

Le vétéran de la corruption parlementaire, le chancelier Fitzgibbon, unit ses efforts à ceux d'un jeune homme, lord Castlereagh, dont les talents naissants pour l'intrigue avaient frappé le cabinet anglais : tous deux prodiguèrent sans compter l'argent et les promesses. Je ne donnerai qu'un exemple : le docteur Agar, archevêque de Cashel, pour prix de sa coopération et de son vote dans la chambre des lords, obtint successivement le titre de vicomte, puis celui de comte, et le siège archiépiscopal de Dublin. Pour ceux qui voulaient être convaincus, l'attorney-général Corry avait des arguments. Le principal était l'exemple de l'Ecosse, que l'Union avait transformée. On oubliait ou l'on feignait d'oublier la différence des situations. Au commencement du XVIIIe siècle, l'Ecosse était indigente et sauvage. Les furieuses querelles de ses deux églises la déchiraient ; le brigandage rendait stérile l'esprit industrieux de la race. L'Angleterre avait assuré la paix religieuse par l'établissement de la *kirk* presbytérienne, sans préjudice, des droits de la minorité épiscopale. En brisant l'autorité des chefs de clan, elle avait donné à l'industrie la sécurité dont elle a besoin pour naître, et elle lui avait procuré les débouchés sans lesquels elle ne peut grandir en supprimant la frontière commerciale qui séparait les deux pays. De là un progrès rapide, un essor de civilisation dont on n'avait pas vu d'exemples.

Mais, en 1800, que pouvait donner l'Angleterre à l'Irlande en échange de sa nationalité ? La liberté industrielle et commerciale ? C'était chose faite. La tolérance religieuse ? Elle avait été assurée par les lois Gardiner en 1780. L'Angleterre pouvait faire en Irlande ce qu'elle avait fait en Ecosse, rendre les églises et les revenus ecclésiastiques à la religion de la majorité ; on n'y songea même pas. L'Angleterre pouvait, du moins, faire franchir aux catholiques le dernier échelon qui les séparait de l'égalité politique avec leurs compatriotes protestons, leur ouvrir enfin les portes du parlement. Pitt promit, mais George III refusa de tenir. Ainsi l'immense et douloureux sacrifice ne devait être payé d'aucune compensation.

Une première fois, le *bill* d'Union avait été repoussé par 109 voix contre 104. Castlereagh se remit à l'œuvre, et quand on put compter sur une majorité, la discussion se rouvrit. Grattan avait été réélu député par le comté de Wicklow. Il parut dans la chambre, revêtu de l'uniforme des volontaires. Pâle, amaigri par une récente maladie, il semblait un spectre et s'appuyait sur deux de ses amis. Nul ne se souvint que, quinze ans auparavant, il avait amèrement raillé cette mise en scène. Il ne peut se tenir debout et reçoit l'autorisation de parler assis. Ces lèvres blêmes et tremblantes pourront-elles livrer passage aux paroles ? Ce corps exténué ira-t-il jusqu'au bout de la tâche que lui impose une âme vaillante ? On se le demande avec anxiété et cette anxiété ajoute à l'émotion. Bientôt sa voix se raffermit ; jamais il n'a été plus puissant ni mieux inspiré. Par une sorte de coquetterie, comme s'il voulait résumer toute sa carrière oratoire, il déploie ses talens divers, se montre sous ses aspects multiples : philosophe comme Burke, dialecticien comme Fox, railleur terrible comme Sheridan. Suivant sa coutume, il se courbe et imprime à ses deux bras un geste périodique et circulaire, touchant presque le plancher du bout de ses doigts ; et ce geste, qui lui est familier, prend une puissance étrange. On dirait que, dans ce mouvement d'une amplitude croissante, il va balayer ses adversaires comme il fauche leurs argumens. Les images se succèdent, brillantes, riches, variées, parfois incohérentes ; mais le grand courant oratoire les emporte, comme une pluie de fleurs tombées sur la surface d'un large fleuve. Des mots s'échappent de ses lèvres qui laisseront une trace lumineuse dans la mémoire, car il ne parle plus à ses contradicteurs, ni à ses amis, pas même aux, tribunes ou au public du dehors, mais à une génération qui n'est pas encore née.

Chaque jour, chaque nuit, il est sur la brèche, et quand le moment décisif est venu, il parlera le dernier : « On peut, dit-il, détruire une constitution, on ne tue pas un peuple… Non, je ne désespère pas de ma patrie. Elle n'est pas morte, elle n'est qu'évanouie. Elle a beau être couchée dans la tombe, sans mouvement et sans force : je vois le souffle de la vie errer sur ses lèvres, l'éclat de la beauté briller sur ses joues… » Et avec une émotion profonde, un art incomparable, il déclame les vers de Roméo :

Then art not dead [1] ; beauty's eneign yet

---

1 Dans Shakspeare, il y a *conquer'd*.

Is crimson in thy lips and in thy cheeks,

And death's pale flag is not advanced there…

Puis il reprend : « Que les courtisans s'échappent sur leur barque, eux qui savent orienter leur voile à tous les vents de la faveur. Pour moi, tant que deux planches du navire tiendront ensemble, j'y resterai rivé, fidèle à mon pays libre, fidèle encore à mon pays vaincu ! »

Ainsi tomba l'Irlande, non sans grandeur ni sans grâce, dans la personne de son illustre rhéteur. Quelques heures plus tard, elle n'était plus qu'une province. Si vous allez à Dublin et que vous visitiez College-Green, n'espérez pas évoquer, dans la solitude et le silence, l'écho de cette voix patriotique. La banque d'Irlande a remplacé le parlement. Derrière des grillages à rideaux verts, vous verrez de vieux commis qui essuient religieusement leur plume sur leurs manches de lustrine avant de la replacer derrière l'oreille. Vous entendrez le bourdonnement des voix affairées, le froissement des banknotes et le tintement des souverains sur les comptoirs de cuivre. Symbole ironique de cette prospérité que l'on promet aux peuples quand on confisque leur liberté !

ISBN : 978-1721275915